VERS LA PAIX AU MOYEN-ORIENT : DÉVOILER LE CONFLIT ISRAÉLO-PALESTINIEN

BY PENELOPE WREN

Au cœur du Moyen-Orient, dans une région chargée d'histoire, de culture et de spiritualité, se trouve un conflit complexe qui perdure depuis des décennies. Le conflit israélo-palestinien, une épine dorsale du paysage politique mondial, est un sujet de débats passionnés, de divergences profondes et d'espoirs souvent déçus.

Dans "Vers la paix au Moyen-Orient : Dévoiler le Conflit Israélo-Palestinien" nous plongeons au cœur de ce conflit épineux, explorant ses origines, ses développements et ses répercussions, tout en dévoilant les multiples facettes de cette lutte ininterrompue pour la paix. Ce livre vise à démystifier ce conflit complexe et à offrir un regard éclairé sur les enjeux qui le sous-tendent, tout en mettant en lumière les tentatives et les solutions proposées pour parvenir à une résolution durable.

Nous parcourons les événements majeurs, depuis les premières migrations des communautés juives en Palestine au début du 20e siècle, jusqu'aux guerres et aux négociations de paix qui ont façonné le destin de cette région. Nous abordons les questions essentielles telles que le sionisme, les Accords d'Oslo, la création de l'État d'Israël, le droit au retour des réfugiés palestiniens, les résolutions de l'ONU, et bien d'autres éléments qui ont contribué à façonner ce conflit.

Au fil de ces pages, nous rencontrons les acteurs clés du conflit, des dirigeants politiques aux militants de la société civile, des réfugiés palestiniens aux colons israéliens, des diplomates internationaux aux négociateurs chevronnés. Leurs voix et leurs expériences nous guideront dans une quête complexe, mais essentielle, celle de la paix.

L'objectif de ce livre est de fournir un aperçu approfondi et nuancé de la réalité sur le terrain, de susciter la réflexion et de contribuer à une compréhension plus profonde de ce conflit qui continue d'influencer les relations internationales et la stabilité au Moyen-Orient.

"Vers la paix au Moyen-Orient : Dévoiler le Conflit Israélo-Palestinien" est un voyage intellectuel à travers l'histoire, la politique, la culture et la géopolitique de cette région en quête de paix. Nous espérons que cette exploration contribuera à éclairer et à inspirer ceux qui cherchent une résolution juste et durable à ce conflit séculaire.

PARTIE 1: AU CŒUR DU CONFLIT ISRAÉLO-PALESTINIEN

La domination ottomane:

Notre histoire commence avec l'Empire ottoman, également connu sous le nom de Califat ottoman, qui fut un empire significatif et durable qui régna sur un vaste territoire pendant plus de six siècles, de 1299 environ à 1922. Il a été fondé par Osman I et avait son siège dans ce qui est aujourd'hui la Turquie moderne. L'empire a étendu son influence et sa domination sur une vaste gamme de territoires, y compris des parties de l'Europe, de l'Asie et de l'Afrique.

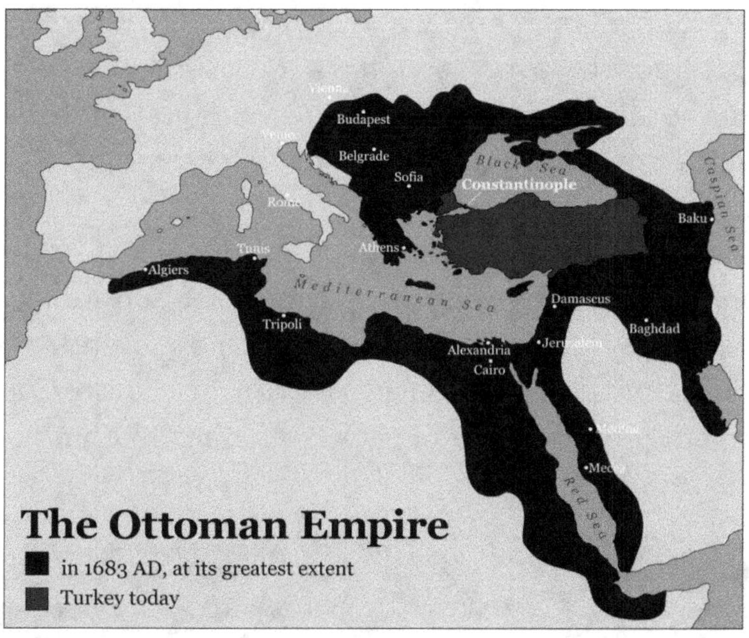

L'Empire ottoman a conquis la région connue sous le nom de Palestine (comprenant l'Israël moderne, la Cisjordanie et la bande de Gaza actuelle) en 1516-1517, sous le règne du sultan Selim I. La Palestine est devenue une partie des vastes possessions de l'Empire ottoman.

L'Empire ottoman avait mis en place un système administratif hiérarchique. La région faisait partie de la province plus vaste de la Grande Syrie (Bilad al-Sham), qui comprenait d'autres régions comme le Liban et la Syrie actuels. Au sein de cette province, des gouverneurs locaux (beys ou pachas) étaient nommés par les autorités ottomanes pour diriger des districts spécifiques.

La population de la région pendant la domination ottomane était diverse, comprenant des musulmans, des chrétiens et des juifs, reflétant la nature multi-religieuse de l'empire. L'Empire ottoman accordait aux communautés religieuses un certain degré d'autonomie grâce au système millet, qui reconnaissait et réglementait les affaires des différents groupes religieux. La Palestine était une région agricole productive, avec la culture d'oliviers, de blé et d'orge. Des routes commerciales, y compris la Route de la Soie, traversaient la région, facilitant le commerce et les échanges.

Jérusalem, avec sa signification religieuse et culturelle, est restée une ville importante de la région pendant la domination ottomane. Naplouse, Hébron et d'autres villes ont également joué des rôles importants dans le commerce et l'administration régionale.

Pendant la Première Guerre mondiale, l'Empire ottoman s'est allié avec les Puissances centrales. Après la guerre, l'empire a fait face à la désintégration et à des pressions externes. La Société des Nations a accordé à la Grande-Bretagne le mandat de gouverner la Palestine, marquant la fin de la domination ottomane dans la région.

L'héritage de la domination ottomane en Palestine, comme dans de nombreuses autres régions qu'elle a autrefois contrôlées, a eu un impact durable sur le patrimoine culturel, religieux et historique de la zone. La population diverse et les diverses communautés religieuses qui ont coexisté dans la région pendant cette période ont influencé la dynamique du conflit israélo-palestinien et l'histoire plus générale du Moyen-Orient.

La révolte arabe :

La Première Guerre mondiale était à son apogée, et à cette époque, la plupart des régions arabes, y compris la région israélo-palestinienne, étaient sous le contrôle de l'Empire ottoman. De nombreuses communautés arabes aspiraient alors à une plus grande autonomie et à l'indépendance vis-à-vis de l'Empire ottoman. En juin 1916, un éminent leader arabe, le Chérif Hussein bin Ali, lançait un appel à la révolte pour réaliser ces aspirations.

Le gouvernement britannique, sous la direction de personnalités telles que T.E. Lawrence, apporta un soutien et une coordination aux rebelles arabes. T.E. Lawrence, également connu sous le nom de "Lawrence d'Arabie", joua un rôle crucial en assistant les forces arabes pendant la révolte. Sa connaissance de la région et ses compétences en leadership furent d'une importance capitale dans les campagnes militaires.

T.E. LAWRENCE

CHÉRIF HUSSEIN BIN ALI

L'objectif premier de la Révolte arabe était de fragiliser et finalement chasser les forces ottomanes de la péninsule arabique ainsi que d'autres territoires arabes. Le Chérif Hussein bin Ali avait pour vision la création d'un État arabe indépendant qui engloberait une grande partie des régions arabophones.

Bien que la Révolte arabe en elle-même n'ait pas abordé directement la question de la Palestine, ses conséquences eurent un impact significatif sur la région."

Cette version corrige quelques erreurs mineures et améliore la clarté de la narration.

accords sykes-picot 1916:

Les accords Sykes-Picot, signés en 1916, sont un accord secret entre la France et le Royaume-Uni pendant la Première Guerre mondiale concernant le partage des territoires du Moyen-Orient en cas de défaite de l'Empire ottoman, qui était alors l'un des empires centraux de l'Entente.

Les accords Sykes-Picot prévoyaient la division du Moyen-Orient en zones d'influence françaises et britanniques. La France devait obtenir le contrôle sur certaines parties de la Syrie et du Liban, tandis que le Royaume-Uni aurait autorité sur la Palestine, la Jordanie et l'Irak.

L'accord visait à maintenir l'apparence de l'intégrité de l'Empire ottoman, malgré la répartition des zones d'influence. En réalité, il s'agissait d'une tentative de contrôler et de diviser la région, tout en minimisant les tensions entre les puissances coloniales. L'accord avait également reçu l'approbation de la Russie, bien que la Révolution russe de 1917 ait ultérieurement remis en question l'engagement russe envers l'accord.

Les accords Sykes-Picot ont été un facteur important dans la redéfinition de la région du Moyen-Orient après la Première Guerre mondiale. Ces accords ont largement contribué à façonner la carte politique de la région, créant des frontières artificielles qui ont eu des conséquences durables et qui ont parfois été à l'origine de conflits et de tensions ultérieurs.

Les accords Sykes-Picot ont également joué un rôle dans la création des conditions qui ont conduit au conflit israélo-arabe. Le partage de la Palestine entre les zones d'influence britannique et française a semé les graines des futures revendications territoriales et des conflits qui ont marqué la région. En outre, les délimitations artificielles des frontières ont contribué à des querelles territoriales et à des divisions qui persistent jusqu'à aujourd'hui.

En somme, les accords Sykes-Picot sont un élément clé de l'histoire du Moyen-Orient au XXe siècle, ayant profondément influencé la configuration politique de la région et joué un rôle indirect mais significatif dans le conflit israélo-arabe.

déclaration balfour 1917:

La Déclaration Balfour de 1917, également connue sous le nom de Déclaration Balfour, est une lettre datée du 2 novembre 1917 écrite par Arthur James Balfour, le Secrétaire d'État aux Affaires étrangères du Royaume-Uni à l'époque, à Lord Lionel Walter Rothschild, un dirigeant de la communauté juive britannique. Cette déclaration a eu un impact significatif sur le conflit israélo-arabe et sur le processus de création de l'État d'Israël.

ARTHUR JAMES BALFOUR

LIONEL WALTER ROTHSCHILD

La Déclaration Balfour affirmait le soutien du gouvernement britannique à l'établissement d'un "foyer national pour le peuple juif" en Palestine. Voici le texte intégral de la déclaration :

"Cher Lord Rothschild,

J'ai beaucoup de plaisir à vous faire savoir, au nom du Cabinet de Sa Majesté, que le gouvernement de Sa Majesté envisage favorablement l'établissement en Palestine d'un foyer national pour le peuple juif, et emploiera tous ses efforts pour faciliter la réalisation de cet objet, étant clairement entendu que rien ne sera fait qui puisse porter atteinte aux droits civils et religieux des collectivités non juives existant en Palestine, ou aux droits et au statut politique dont les Juifs jouissent dans tout autre pays.

Je vous serais reconnaissant de bien vouloir porter cette déclaration à la connaissance de la Fédération sioniste.

Arthur James Balfour"

TEXTE DE LA DÉCLARATION BALFOUR

Foreign Office,
November 2nd, 1917.

Dear Lord Rothschild,

I have much pleasure in conveying to you, on behalf of His Majesty's Government, the following declaration of sympathy with Jewish Zionist aspirations which has been submitted to, and approved by, the Cabinet

"His Majesty's Government view with favour the establishment in Palestine of a national home for the Jewish people, and will use their best endeavours to facilitate the achievement of this object, it being clearly understood that nothing shall be done which may prejudice the civil and religious rights of existing non-Jewish communities in Palestine, or the rights and political status enjoyed by Jews in any other country".

I should be grateful if you would bring this declaration to the knowledge of the Zionist Federation.

La Déclaration Balfour a suscité des réactions diverses. Elle a été bien accueillie par les sionistes, qui y ont vu un engagement britannique en faveur de l'établissement d'un État juif en Palestine. Cependant, elle a été vivement critiquée par les Arabes palestiniens et d'autres groupes, qui considéraient que la déclaration allait à l'encontre de leurs droits et de leurs aspirations.

L'Accord Sykes-Picot, qui prévoyait la division des territoires arabes entre la France et le Royaume-Uni en zones d'influence, a profondément troublé Chérif Hussein. Il avait négocié avec les Britanniques une révolte arabe contre l'Empire ottoman en échange de la promesse d'une vaste zone arabe indépendante une fois la guerre terminée. L'accord contredisait ces promesses en attribuant certaines parties de ces territoires à des puissances coloniales. Chérif Hussein considérait que l'accord violait la confiance qu'il avait placée dans les Britanniques et l'idée d'une Arabie unie et indépendante.

La Déclaration Balfour, qui exprimait le soutien du gouvernement britannique à l'établissement d'un "foyer national pour le peuple juif" en Palestine, a également suscité l'opposition de Chérif Hussein. Il percevait cette déclaration comme une violation des droits des Arabes palestiniens, qui représentaient la majorité de la population locale. Il craignait que cela ne compromette les droits des Arabes en Palestine et qu'une immigration juive massive ne remette en cause l'équilibre démographique et politique dans la région.

En conséquence, Chérif Hussein bin Ali a exprimé sa méfiance envers les promesses britanniques et françaises et a continué à lutter pour l'indépendance et l'autonomie des Arabes dans la région. Sa méfiance envers les puissances coloniales a contribué à façonner sa vision politique et à alimenter son désir de voir un État arabe unifié et indépendant englober les terres arabes sous domination ottomane.

Le mécontentement de Chérif Hussein face à l'Accord Sykes-Picot et à la Déclaration Balfour a contribué à renforcer les tensions entre les Arabes et les puissances coloniales, ce qui a eu des répercussions sur les événements ultérieurs et le tracé des frontières dans la région.

La Déclaration Balfour a jeté les bases de la future création de l'État d'Israël en 1948, tout en étant un facteur de tension et de conflit entre les communautés juive et arabe en Palestine. Elle est devenue un élément central du conflit israélo-arabe et continue d'avoir des répercussions sur la région jusqu'à aujourd'hui.

Sionisme et immigration juive:

Le sionisme est un mouvement politique et idéologique qui promeut l'établissement d'un État juif en Palestine, connue sous le nom d'Eretz Israël en hébreu. Le sionisme a joué un rôle central dans la création de l'État d'Israël en 1948 et continue d'être une force politique et culturelle influente dans le pays.

Le sionisme est né au XIXe siècle en réaction aux défis auxquels étaient confrontées les communautés juives d'Europe de l'Est, notamment l'antisémitisme et les pogroms. Les fondateurs du mouvement sioniste, tels que Theodor Herzl, ont plaidé pour la création d'un État juif où les Juifs pourraient vivre en sécurité.

Le sionisme vise à établir un État juif en Israël, qui serait un foyer national pour le peuple juif. L'idée est que les Juifs du monde entier ont le droit de revenir sur leur terre ancestrale pour y établir un État souverain.

Le sionisme a évolué au fil du temps, donnant naissance à différentes tendances, dont le sionisme politique, le sionisme religieux, le sionisme socialiste, et d'autres. Ces différentes tendances ont des interprétations variées de ce que devrait être l'État juif et de sa relation avec les Arabes palestiniens.

L'aboutissement du mouvement sioniste a été la création de l'État d'Israël en 1948, en réponse aux persécutions et aux violences subies par les Juifs en Europe, en particulier pendant la Seconde Guerre mondiale et l'Holocauste. La Déclaration d'Indépendance d'Israël a officialisé l'établissement de l'État.

L'immigration juive en Palestine a été un aspect clé de l'histoire du sionisme et de la création de l'État d'Israël.

Le mouvement sioniste, qui visait à établir un État juif en Palestine, a gagné en importance à la fin du XIXe et au début du XXe siècle en réaction aux persécutions des Juifs en Europe et aux pogroms en Russie. Les premiers sionistes ont commencé à immigrer en Palestine, alors sous contrôle ottoman, dans le cadre de l'objectif de création d'un État juif.

L'immigration juive en Palestine s'est déroulée en plusieurs vagues. La première a eu lieu à la fin du XIXe siècle et au début du XXe siècle, comprenant des immigrants principalement d'Europe de l'Est et de Russie. La deuxième vague a eu lieu dans les années 1920 et 1930. La troisième vague majeure a suivi la Seconde Guerre mondiale et l'Holocauste.

Après la Première Guerre mondiale, la Société des Nations a confié à la Grande-Bretagne un mandat sur la Palestine, dans lequel elle avait accepté la Déclaration Balfour de 1917, qui soutenait l'établissement d'un "foyer national pour le peuple juif" en Palestine. Les Britanniques ont joué un rôle dans la régulation de l'immigration juive en Palestine, ce qui a provoqué des tensions entre les immigrants juifs et la population arabe locale.

En 1947, les Nations Unies ont adopté le plan de partage de la Palestine, qui a conduit à la création de l'État d'Israël en 1948. Cet événement a été précédé par une immigration juive massive à la fin des années 1940.

les Nations Unies ont adopté le Plan de partage de la Palestine en 1947. Le plan a été adopté par l'Assemblée générale des Nations Unies sous la résolution 181 (II) le 29 novembre 1947. Ce plan recommandait le partage de la Palestine mandataire en deux États, un État juif et un État arabe, avec Jérusalem sous un régime international spécial.

Cependant, il est essentiel de noter que le Plan de partage de la Palestine n'a pas été mis en œuvre selon les termes prévus, car il a été rejeté par les pays arabes et n'a pas abouti à un règlement pacifique du conflit. Au lieu de cela, il a conduit à une guerre entre les forces juives et arabes en

Palestine en 1948, souvent appelée la Guerre d'Indépendance d'Israël par les Israéliens et la Nakba (la "catastrophe" en arabe) par les Palestiniens, qui a entraîné le déplacement de centaines de milliers de Palestiniens et a donné naissance à la situation complexe qui perdure encore aujourd'hui dans la région.

L'immigration juive en Palestine a été un facteur central dans le conflit israélo-palestinien. Les revendications concurrentes sur la terre, le déplacement des populations arabes palestiniennes et les tensions qui ont résulté de cette immigration ont alimenté le conflit, qui perdure jusqu'à aujourd'hui. L'immigration juive en Palestine a joué un rôle clé dans la réalisation de l'objectif sioniste de l'établissement de l'État d'Israël, tout en étant à l'origine de complexités et de controverses qui ont marqué l'histoire de la région.

Aujourd'hui, le sionisme continue d'être une force politique importante en Israël et parmi les Juifs du monde entier. Il est également débattu et critiqué, tant en Israël qu'à l'échelle internationale, en lien avec les politiques israéliennes, les droits des Palestiniens, et d'autres enjeux.

Guerre israélo-arabe de 1948:

Guerre israélo-arabe, ou La Guerre d'Indépendance d'Israël, également appelée la Guerre de 1948, est le conflit armé qui a eu lieu entre les forces juives et arabes en Palestine mandataire de 1947 à 1949. Ce conflit a abouti à la création de l'État d'Israël et a été une étape clé dans l'histoire du Moyen-Orient moderne.

Le conflit a été précédé par l'adoption par les Nations Unies du Plan de partage de la Palestine en 1947, qui recommandait le partage de la Palestine mandataire en un État juif et un État arabe, avec Jérusalem sous un régime international. Ce plan a été rejeté par les pays arabes et par les dirigeants palestiniens.

Le 14 mai 1948, David Ben Gourion, le chef de l'Agence juive, a proclamé la création de l'État d'Israël, marquant le début de la Guerre d'Indépendance. Le lendemain, les pays arabes voisins, dont l'Égypte, la Jordanie, la Syrie, et l'Irak, ont lancé une intervention militaire en Palestine. La guerre a été marquée par des combats acharnés, des opérations militaires des deux côtés, des mouvements de populations et des atrocités. Le conflit a également été un facteur de déplacement massif de populations, avec des centaines de milliers de Palestiniens fuyant ou étant expulsés de leurs terres.

DAVID BEN GOURION

La guerre s'est terminée en 1949 par une série d'armistices conclus entre Israël et ses voisins arabes. Ces accords ont établi des lignes de cessez-le-feu temporaires et ont donné naissance à des situations de facto sur le terrain. La situation résultante a abouti à la création d'Israël en tant qu'État indépendant, mais le conflit israélo-arabe n'a pas été résolu.

La Guerre d'Indépendance d'Israël a eu d'importantes répercussions sur la région. Elle a marqué la naissance d'Israël en tant qu'État souverain, mais a également laissé des séquelles profondes, notamment en ce qui concerne la question des réfugiés palestiniens et le statut de Jérusalem. Le conflit a jeté les bases des décennies de tensions et de guerres ultérieures entre Israël et les pays arabes.

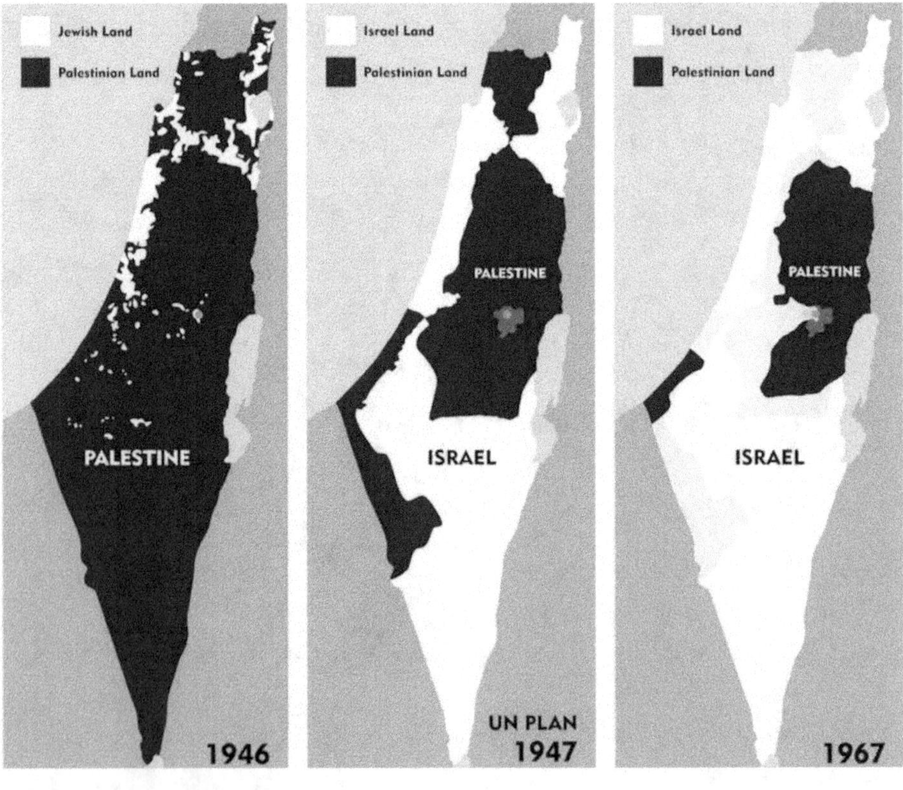

La guerre de Suez (1956):

La guerre de Suez, également connue sous le nom de Crise de Suez, s'est déroulée en 1956 et a impliqué plusieurs acteurs majeurs, notamment Israël, le Royaume-Uni, la France et l'Égypte.

La guerre de Suez a été précédée par plusieurs développements majeurs : En juillet 1956, le président égyptien Gamal Abdel Nasser a nationalisé le canal de Suez, une voie de navigation cruciale reliant la mer Méditerranée à la mer Rouge. Le canal était jusqu'alors exploité par une entreprise internationale, et cette nationalisation a provoqué des inquiétudes chez les puissances occidentales. Des tentatives de médiation diplomatique pour résoudre la crise ont échoué, et des négociations entre les États-Unis et l'URSS ont eu lieu en coulisses. Les États-Unis et l'Union soviétique étaient de grandes puissances engagées dans la guerre froide, et leurs actions ont également influencé le déroulement de la crise.

GAMAL ABDEL NASSER

La guerre de Suez s'est déroulée en plusieurs phases : Le 29 octobre 1956, Israël a envahi la péninsule du Sinaï égyptien en réponse à des raids palestiniens contre son territoire et avec le soutien secret du Royaume-Uni et de la France. Les troupes britanniques et françaises ont ensuite débarqué à Port-Saïd, le 5 novembre, pour prendre le contrôle du canal de Suez. Face à une condamnation internationale croissante, notamment de l'Union soviétique, les forces britanniques, françaises et israéliennes ont été contraintes de se retirer. L'Égypte a récupéré le contrôle du canal de Suez en mars 1957.

La guerre de Suez a eu plusieurs conséquences significatives :

-La crise a marqué la fin de l'ère des empires coloniaux et a affaibli la position du Royaume-Uni et de la France en tant que puissances coloniales majeures.

-Israël a consolidé sa position militaire et politique dans la région, bien que son action ait été désapprouvée par de nombreux pays.

-La crise a renforcé le leadership de Gamal Abdel Nasser en Égypte et a contribué à l'affirmation de l'indépendance égyptienne par rapport aux puissances occidentales.

La guerre de Suez a eu des conséquences durables sur la région et a contribué à façonner les relations internationales de l'époque, notamment dans le contexte de la guerre froide.

Émergence de l'OLP (Organisation de libération de la Palestine) 1964:

L'Organisation de libération de la Palestine (OLP) est une organisation politique palestinienne fondée en 1964. Son émergence est liée à l'histoire du conflit israélo-palestinien et à la quête de l'autodétermination palestinienne.

Dans les décennies précédant la création de l'OLP, la Palestine a été le théâtre de bouleversements politiques et de conflits, en particulier à la suite de la création de l'État d'Israël en 1948. Les Palestiniens ont été déplacés de leurs terres ancestrales lors de la Nakba (la "catastrophe" en arabe) et ont perdu leurs droits nationaux.

L'OLP visait à représenter les Palestiniens au niveau international et à faire reconnaître leur droit à l'autodétermination et à un État indépendant. L'OLP a cherché à unifier les différentes factions palestiniennes sous une seule autorité politique.

Initialement, l'OLP privilégiait des moyens diplomatiques et pacifiques pour atteindre ses objectifs, mais elle a aussi prévu la possibilité de recourir à la résistance armée.

Leadership d'Yasser Arafat :
Yasser Arafat est devenu le dirigeant emblématique de l'OLP et a joué un rôle central dans son histoire. Son leadership a contribué à faire de l'OLP un acteur international incontournable dans la lutte pour les droits palestiniens.

YASSER ARAFAT

L'OLP a été impliquée dans de nombreuses étapes du conflit israélo-palestinien, y compris des négociations de paix, des confrontations militaires et des initiatives diplomatiques. Elle a joué un rôle central dans la création de l'Autorité palestinienne en 1994, ce qui a permis l'établissement d'une certaine forme d'autonomie palestinienne dans les territoires occupés.

L'OLP a travaillé à obtenir la reconnaissance internationale de l'État de Palestine et est devenue membre observateur à l'ONU en 1974. En 1988, l'OLP a déclaré l'indépendance de l'État de Palestine.

L'OLP a été un acteur central dans le processus de paix israélo-palestinien, bien que ce processus ait connu des hauts et des bas. L'organisation continue de jouer un rôle dans la défense des droits palestiniens sur la scène internationale.

La guerre des Six Jours (1967):

La Guerre des Six Jours est un conflit militaire qui s'est déroulé du 5 au 10 juin 1967. Elle a opposé Israël à une coalition de pays arabes, comprenant l'Égypte, la Jordanie, la Syrie et l'Irak. Cette guerre est l'un des conflits les plus marquants du conflit israélo-arabe et a eu d'importantes répercussions sur la région du Moyen-Orient.

Les causes de la Guerre des Six Jours sont complexes et comprennent :

Tensions préexistantes : Les tensions entre Israël et ses voisins arabes étaient élevées en raison de conflits antérieurs, notamment la Crise de Suez en 1956, et des problèmes non résolus tels que le statut de la Cisjordanie et de la bande de Gaza.

Blocs militaires et stratégie : Les pays arabes avaient formé des alliances militaires et préparaient des plans pour une éventuelle guerre contre Israël. Israël craignait une attaque coordonnée de ses voisins arabes.

Le conflit a été marqué par les développements suivants :

Frappes préventives israéliennes : Israël a lancé une série de frappes aériennes préventives le matin du 5 juin 1967, ciblant les forces aériennes égyptiennes. Cela a marqué le début du conflit.

Occupation de territoires : En six jours, les forces israéliennes ont remporté une série de victoires militaires éclair, occupant la péninsule du Sinaï, la bande de Gaza, la Cisjordanie, Jérusalem-Est et le plateau du Golan.

Cessez-le-feu : Le 10 juin 1967, Israël a accepté un cessez-le-feu sous les auspices de l'ONU, mettant fin à la Guerre des Six Jours.

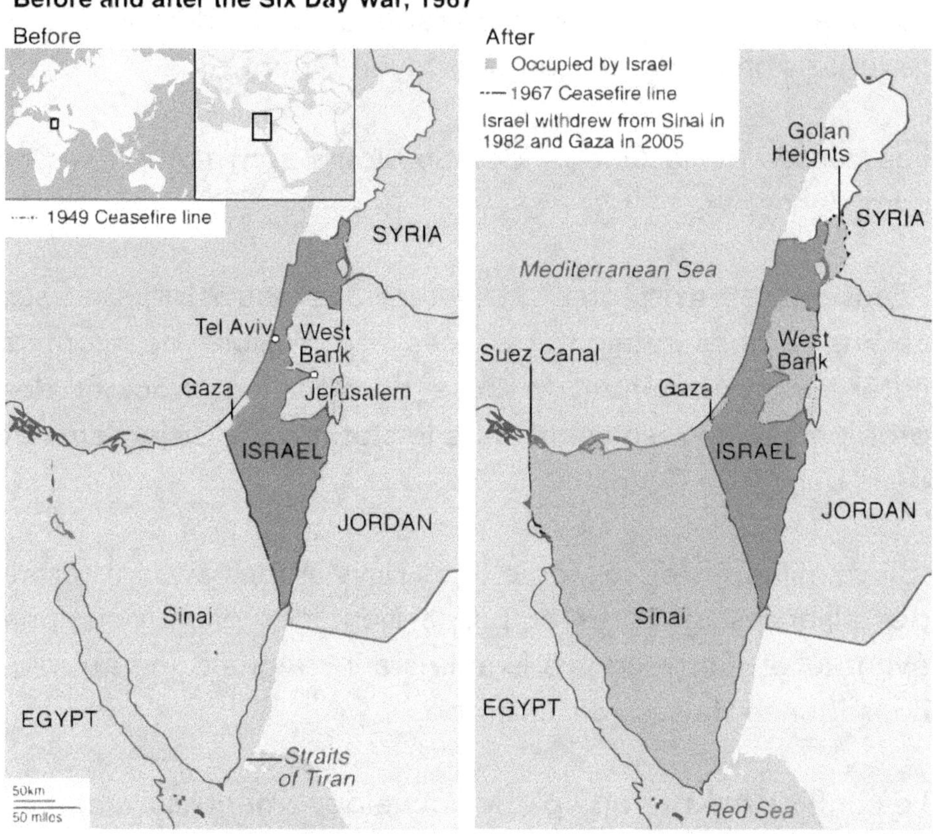

La Guerre des Six Jours a eu d'importantes conséquences :

Territoires occupés : Israël a pris le contrôle de territoires considérables, notamment la Cisjordanie, Gaza, le Sinaï, Jérusalem-Est et le Golan, ce qui a transformé la situation géopolitique de la région.

Problème palestinien : L'occupation de la Cisjordanie et de Gaza a posé les bases du problème palestinien et de la lutte pour l'autodétermination palestinienne.

Tensions continues : La guerre n'a pas résolu les conflits régionaux, mais a contribué à intensifier les tensions entre Israël et les pays arabes.

Nouvel équilibre des pouvoirs : La Guerre des Six Jours a modifié l'équilibre des pouvoirs au Moyen-Orient et a établi Israël en tant que puissance militaire dominante dans la région.

La Guerre des Six Jours a laissé des séquelles profondes et continue d'influencer la politique et les conflits au Moyen-Orient jusqu'à aujourd'hui. Elle a également contribué à redéfinir les relations internationales dans la région.

La guerre du Kippour (1973):

La Guerre du Kippour, également connue sous le nom de Guerre d'Octobre, Guerre de Ramadan ou Guerre de 1973, est un conflit majeur qui s'est déroulé du 6 octobre au 25 octobre 1973. Cette guerre opposa Israël à une coalition de pays arabes menée par l'Égypte et la Syrie. La Guerre du Kippour est ainsi nommée car elle a été lancée par l'Égypte et la Syrie le jour du Yom Kippour, le jour le plus saint du calendrier juif.

Les causes de la Guerre du Kippour incluent :
-Les tensions persistantes entre Israël et les pays arabes, en particulier après la Guerre des Six Jours en 1967, ont contribué au déclenchement de la guerre.
-Les pays arabes cherchaient à récupérer les territoires perdus en 1967, notamment le Sinaï égyptien et le plateau du Golan syrien.
-Les négociations diplomatiques n'ayant pas permis de résoudre les problèmes, l'Égypte et la Syrie ont décidé de lancer une offensive militaire.

Le conflit s'est caractérisé par les développements suivants:
-Les forces égyptiennes et syriennes ont lancé une attaque surprise contre Israël le jour du Yom Kippour. Cette attaque a été conçue pour profiter des préparatifs religieux et de la baisse de la vigilance israélienne.
- L'Égypte a lancé une offensive à travers le canal de Suez et a réussi à établir une tête de pont sur la rive est. En Syrie, des combats intenses se sont déroulés sur le plateau du Golan.
-Après une période initiale de difficultés, Israël a organisé une contre-offensive efficace, avec le soutien de renforts américains.
-Après plusieurs semaines de combats intenses, un cessez-le-feu parrainé par l'ONU a été instauré le 25 octobre 1973.

La Guerre du Kippour a eu plusieurs conséquences significatives :
-La guerre a contribué à changer la dynamique géopolitique de la région, menant à la reconnaissance mutuelle de l'Égypte et d'Israël en vertu des accords de Camp David en 1978.
-L'Égypte est devenue un médiateur clé dans le conflit israélo-arabe.
-La guerre a encouragé une approche plus prudente de la diplomatie et des négociations au Moyen-Orient, en reconnaissant les risques des conflits armés.

La Guerre du Kippour a eu un impact durable sur la région, influençant les relations entre Israël et ses voisins arabes et redéfinissant les alliances et les dynamiques géopolitiques au Moyen-Orient.

La Crise pétrolière de 1973:

La Crise pétrolière de 1973, également connue sous le nom de premier choc pétrolier, a été déclenchée par une série d'événements liés aux tensions géopolitiques au Moyen-Orient, en particulier à la Guerre du Kippour (1973).

En réponse au soutien occidental à Israël, les membres de l'Organisation des pays exportateurs de pétrole (OPEP), principalement les pays arabes, ont décidé d'utiliser l'arme du pétrole comme moyen de pression. Les membres de l'OPEP ont décidé de réduire leur production de pétrole et d'imposer un embargo sur les exportations de pétrole vers les pays occidentaux, en particulier les États-Unis et les Pays-Bas. Cet embargo a été annoncé en octobre 1973. En plus de l'embargo, les pays de l'OPEP ont augmenté considérablement les prix du pétrole, ce qui a eu un impact économique majeur dans le monde entier.

La crise pétrolière de 1973 a entraîné une pénurie de pétrole dans de nombreux pays occidentaux, provoquant des hausses de prix, des restrictions de distribution, des files d'attente aux stations-service et des crises économiques.

La Crise pétrolière de 1973 a laissé une empreinte durable sur l'économie mondiale et a contribué à façonner les politiques énergétiques des pays occidentaux. Elle a également mis en évidence la vulnérabilité des économies dépendantes du pétrole et l'impact des tensions géopolitiques sur les marchés mondiaux de l'énergie.

Les accords de Camp David (1978):

Les Accords de Camp David sont un ensemble d'accords de paix historiques signés en 1978, sous la médiation des États-Unis, entre Israël et l'Égypte. Ces accords ont mis fin à des décennies de conflit entre les deux pays et ont établi un précédent pour les futures négociations de paix au Moyen-Orient.

Les Accords de Camp David ont été négociés à la suite de plusieurs guerres et conflits entre Israël et l'Égypte, notamment la Guerre des Six Jours en 1967 et la Guerre du Kippour en 1973. Ces conflits avaient entraîné des pertes humaines et des tensions constantes dans la région.

Cet accord a établi la paix formelle entre Israël et l'Égypte. Israël a accepté de retirer ses forces de la péninsule du Sinaï, qu'il avait occupée depuis la Guerre des Six Jours. L'Égypte a reconnu Israël en tant qu'État et a établi des relations diplomatiques complètes avec lui.

Cet accord a établi un cadre pour des négociations ultérieures sur l'autonomie palestinienne en Cisjordanie et dans la bande de Gaza. Il s'agissait d'un engagement à travailler vers une autonomie intérimaire en préparation d'une future solution au conflit israélo-palestinien.

Les Accords de Camp David ont eu plusieurs conséquences significatives :
-Paix israélo-égyptienne : Ils ont mis fin à l'état de guerre entre Israël et l'Égypte, ce qui a eu des implications positives pour la stabilité au Moyen-Orient.

-Retrait israélien du Sinaï : Israël s'est retiré du Sinaï, restituant ainsi un territoire égyptien occupé.

-Normalisation des relations israélo-égyptiennes : Ils ont marqué le début de relations diplomatiques entre Israël et l'Égypte, qui existent toujours aujourd'hui.

-Avancées limitées dans le processus de paix israélo-palestinien : Bien que les Accords de Camp David aient posé les bases pour des négociations ultérieures, un règlement complet du conflit israélo-palestinien n'a pas été atteint à cette époque.

Les Accords de Camp David ont ouvert la voie à d'autres initiatives de paix au Moyen-Orient, mais le conflit israélo-palestinien reste un problème complexe et non résolu jusqu'à aujourd'hui.

Menahem Begin (Premier ministre israélien), Jimmy Carter (président des États-Unis) et Anouar el-Sadate (Président égyptien) à Camp David.

La première Intifada (1987-1993) et la création du Hamas:

La Première Intifada, également appelée l'Intifada de pierres, a été un soulèvement palestinien qui a éclaté en décembre 1987. Elle a duré jusqu'à la signature des Accords d'Oslo en 1993. Cette révolte a pris naissance dans les territoires palestiniens occupés, principalement en Cisjordanie et dans la bande de Gaza, et a été marquée par des manifestations populaires, des grèves, des affrontements et des actes de désobéissance civile.

Les Palestiniens avaient vécu sous occupation israélienne depuis la Guerre des Six Jours en 1967, et de nombreux aspects de la vie quotidienne étaient réglementés par les autorités militaires israéliennes. Les Palestiniens étaient de plus en plus frustrés par les conditions de vie sous occupation, y compris la confiscation de terres, la construction de colonies israéliennes, les restrictions de mouvement, les arrestations arbitraires et la violence militaire. Malgré des négociations antérieures, une solution politique à long terme au conflit israélo-palestinien était enlisée.

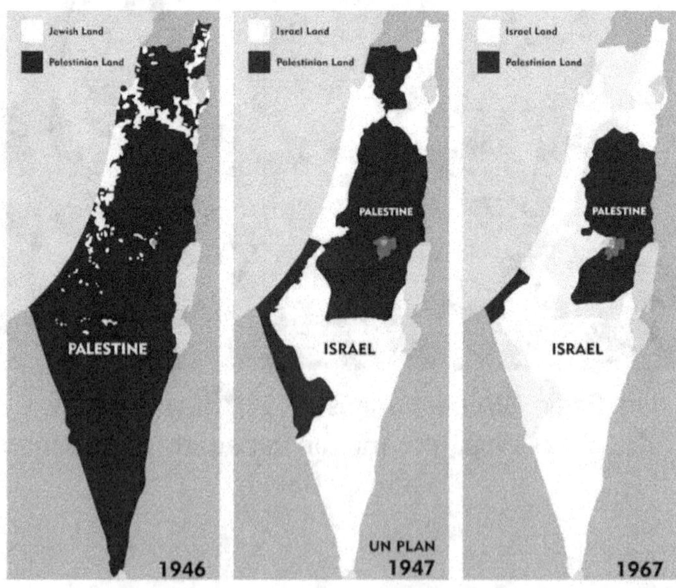

Le soulèvement a commencé avec des manifestations populaires, des grèves et des actes de désobéissance civile. Les manifestants utilisaient principalement des pierres et des cocktails Molotov comme armes. Les autorités israéliennes ont réagi en recourant à la force militaire pour réprimer les manifestations. Il y a eu des morts et de nombreux blessés de part et d'autre. La Première Intifada a attiré l'attention internationale sur le conflit israélo-palestinien et a conduit à des discussions sur la nécessité de parvenir à une solution négociée.

La Première Intifada a eu des conséquences importantes :

-Processus de paix : Elle a contribué à faire pression pour le démarrage du processus de paix israélo-palestinien, qui a abouti aux Accords d'Oslo en 1993.

-Création du Hamas : Hamas a été fondé en 1987 pendant la Première Intifada. Il est apparu en tant qu'organisation militante et politique palestinienne, et il a principalement gagné du soutien en réponse à l'occupation israélienne et aux échecs perçus de la direction palestinienne existante à l'époque. Le Hamas est considéré comme une organisation terroriste par plusieurs pays, y compris les États-Unis, l'Union européenne, Israël, et d'autres.

HAMAS MOVEMENT LOGO

Les accords d'Oslo (1993) et l'autonomie palestinienne:

Les Accords d'Oslo font référence à une série d'accords et de déclarations signés entre Israël et l'Organisation de libération de la Palestine (OLP) dans les années 1990. Ces accords ont établi un cadre pour l'autonomie palestinienne dans certaines parties des territoires palestiniens occupés par Israël.

Accord d'Oslo I (1993): Officiellement connu sous le nom d'Accord de Principes sur l'Administration Autonome Temporaire, il a été signé en 1993 à Washington, D.C., sous la médiation des États-Unis et de la Norvège. Cet accord a créé l'Autorité palestinienne et établi une transition vers une autonomie palestinienne limitée dans la bande de Gaza et en Cisjordanie.

Accord d'Oslo II (1995) : Cet accord, également appelé Accord Intérimaire, a été signé à Taba, en Égypte, et a précisé les détails de l'autonomie palestinienne, y compris la répartition des territoires en zones A, B et C, et le calendrier pour les élections palestiniennes et israéliennes. Il a également jeté les bases d'une coopération sécuritaire entre Israël et l'Autorité palestinienne.

Les Accords d'Oslo ont eu un impact significatif sur l'autonomie palestinienne, bien que cette autonomie ait été limitée et soumise à des défis importants :

Les Accords d'Oslo ont permis la création de l'Autorité palestinienne, dirigée par Yasser Arafat, qui avait le pouvoir sur certaines parties de la Cisjordanie et de la bande de Gaza. Cependant, l'autorité réelle d'autonomie était limitée en raison de la présence militaire israélienne et de la coopération sécuritaire.

OSLO AGREEMENT: YITZHAK RABIN, BILL CLINTON AND
YASSER ARAFAT AT THE WHITE HOUSE IN 1993

Les accords ont prévu un retrait israélien partiel de certaines zones, laissant les Palestiniens prendre en charge l'administration civile et la sécurité. Les accords ont favorisé la coopération économique entre Israël et les Palestiniens, facilitant les déplacements et le commerce. Cela a stimulé la croissance économique dans certaines zones palestiniennes.

Les Accords d'Oslo ont permis la tenue d'élections palestiniennes en 1996, qui ont abouti à l'élection de Yasser Arafat à la présidence de l'Autorité palestinienne.

Malgré les accords, le processus de paix israélo-palestinien a été marqué par des difficultés, notamment des retards dans la mise en œuvre, des crises politiques et des conflits. Les négociations ultérieures et les développements sur le terrain ont créé des enjeux supplémentaires, et le statut final des territoires palestiniens demeure une question litigieuse. Le processus de paix a connu des arrêts et des reprises, et l'autonomie palestinienne reste un enjeu central du conflit israélo-palestinien.

-Conscience nationale palestinienne : Elle a renforcé la conscience nationale palestinienne et la demande d'autodétermination.

La Première Intifada a été un tournant dans le conflit israélo-palestinien, marquant une période de mobilisation populaire palestinienne et contribuant à une prise de conscience internationale du conflit.

Accords de Wye Plantation (1998):

Les Accords de Wye Plantation, signés en octobre 1998, étaient un ensemble d'accords entre Israël et l'Autorité palestinienne, sous la médiation des États-Unis. Ces accords étaient une tentative de faire progresser le processus de paix israélo-palestinien en résolvant certaines questions en suspens et en mettant en œuvre des dispositions des Accords d'Oslo.

Les négociations de paix israélo-palestiniennes avaient connu des hauts et des bas depuis les Accords d'Oslo de 1993. À la suite de plusieurs conflits et d'une impasse dans les négociations, les États-Unis ont joué un rôle actif en tant que médiateurs dans le but de relancer le processus de paix.

Les Accords de Wye prévoyaient un retrait israélien supplémentaire de 13 % de la Cisjordanie, conformément aux dispositions des Accords d'Oslo. Ils renforçaient la coopération sécuritaire entre Israël et l'Autorité palestinienne, ce qui était considéré comme un élément clé pour lutter contre le terrorisme et maintenir la stabilité.

Les deux parties se sont engagées à libérer un certain nombre de prisonniers, à la fois israéliens et palestiniens. Les accords prévoyaient des mesures pour résoudre des questions humanitaires, telles que le statut de Jéricho et Hébron, l'accès aux lieux saints, et d'autres questions liées à la vie quotidienne des Palestiniens.

La mise en œuvre des Accords de Wye Plantation s'est avérée difficile et a rencontré des obstacles, notamment des problèmes liés à la sécurité, des retards dans le retrait israélien et des violations de part et d'autre.

Les Accords de Wye Plantation ont marqué une tentative de relancer le processus de paix israélo-palestinien et de surmonter les obstacles. Bien qu'ils aient permis des avancées limitées, le conflit israélo-palestinien n'a pas été résolu de manière définitive à cette époque. Cependant, ces accords ont mis en évidence l'importance de la médiation internationale et des efforts pour maintenir un dialogue entre les parties.

Deuxième Intifada (2000-2005):

La Deuxième Intifada, également connue sous le nom d'Intifada d'Al-Aqsa, a été une période de conflit israélo-palestinien qui a eu lieu entre 2000 et 2005. Elle a commencé en septembre 2000, après une visite du dirigeant israélien Ariel Sharon à l'esplanade des Mosquées, un site sacré pour les musulmans à Jérusalem, ce qui a provoqué des tensions et des violences. Le déclencheur immédiat de l'Intifada a été la visite de Sharon, mais il est important de noter que les causes sous-jacentes étaient beaucoup plus profondes et complexes.

Pendant cette période, les Palestiniens ont organisé des manifestations, des émeutes, des attentats-suicides et d'autres actes de violence contre les forces israéliennes et des civils israéliens. En réponse, Israël a lancé des opérations militaires dans les territoires palestiniens, ce qui a entraîné des pertes humaines considérables. L'Intifada d'Al-Aqsa a été caractérisée par une escalade de la violence, des négociations de paix interrompues et une forte tension entre les deux parties.

En 2005, Israël a retiré ses troupes et ses colons de la bande de Gaza, mettant fin à l'occupation israélienne de ce territoire. Cependant, le conflit israélo-palestinien n'a pas été résolu, et des tensions persistent encore aujourd'hui. Cette période a eu des conséquences dévastatrices pour les deux communautés, avec de nombreuses pertes en vies humaines et des blessures profondes dans la société.

Plan de désengagement de la bande de Gaza (2005):

Le Plan de désengagement de la bande de Gaza, également connu sous le nom de Plan Sharon, était une initiative unilatérale mise en œuvre par le gouvernement israélien dirigé par le Premier ministre Ariel Sharon en 2005. Le plan visait à démanteler les colonies israéliennes en Cisjordanie et dans la bande de Gaza et à retirer les forces de défense israéliennes de la bande de Gaza.

Le Plan de désengagement de la bande de Gaza a été élaboré dans le cadre de l'impasse dans les négociations israélo-palestiniennes et visait à redéfinir la frontière entre Israël et la bande de Gaza, ainsi qu'à retirer les colonies israéliennes de la région.

BANDE DE GAZA

Le plan prévoyait le démantèlement de toutes les colonies israéliennes de la bande de Gaza, ainsi que de quatre colonies en Cisjordanie. Cela a entraîné le déplacement de milliers de colons israéliens de la région.

Les forces de défense israéliennes ont été retirées de la bande de Gaza, et Israël a déclaré la région comme étant sous contrôle palestinien, bien que le contrôle des frontières et de l'espace aérien soit resté en grande partie sous contrôle israélien. Les infrastructures et les habitations des colonies israéliennes démantelées ont été en grande partie détruites. Certains colons ont été réinstallés en Israël, tandis que d'autres ont cherché à s'établir dans des colonies en Cisjordanie.

Le Plan de désengagement de la bande de Gaza a eu des conséquences majeures sur la région :
-Il a redéfini les frontières et a transféré le contrôle de la bande de Gaza de facto à l'Autorité palestinienne.
-Le retrait israélien a été suivi de tensions et d'affrontements entre le Hamas, qui a pris le contrôle de la bande de Gaza en 2007, et le Fatah, qui contrôlait la Cisjordanie.

-Le plan a été accueilli de manière mitigée sur la scène internationale, avec des inquiétudes concernant les conditions de vie des Palestiniens dans la bande de Gaza.
-Bien que le plan ait été présenté comme une initiative unilatérale, il a eu des implications pour le processus de paix israélo-palestinien, notamment en ce qui concerne la question des frontières et du statut final des territoires palestiniens.

Le Plan de désengagement de la bande de Gaza reste un sujet controversé et complexe dans le contexte du conflit israélo-palestinien, et ses répercussions continuent d'influencer la situation politique actuelle.

Intifada de Jérusalem (2014) :

L'Intifada de Jérusalem de 2014, également connue sous le nom d'Intifada des couteaux, a été une vague de violences et d'attaques qui a éclaté en octobre 2014 à Jérusalem et dans d'autres parties d'Israël et des territoires palestiniens. Cette période de troubles a été marquée par des attaques au couteau menées principalement par des Palestiniens contre des civils israéliens, des forces de sécurité et d'autres cibles.

Les tensions autour de l'accès à la mosquée Al-Aqsa, l'un des lieux les plus saints de l'islam, située à Jérusalem, ont joué un rôle central. Les rumeurs selon lesquelles Israël envisageait de modifier le statu quo de l'accès au site ont suscité des inquiétudes parmi les Palestiniens. Les appels à la résistance contre l'occupation israélienne et la frustration parmi la jeunesse palestinienne ont alimenté les actes de violence. Les attaques et les représailles ont créé un cycle de violence, avec des actes de vengeance des deux côtés.

L'Intifada de Jérusalem de 2014 a été marquée par des attaques au couteau, des attaques à la voiture-bélier et des affrontements entre manifestants palestiniens et forces de sécurité israéliennes.

L'Intifada de Jérusalem de 2014 a eu des conséquences graves :
- Des dizaines de Palestiniens et d'Israéliens ont été tués, et des centaines d'autres blessés.
- Les tensions entre les communautés israéliennes et palestiniennes se sont accrues.
- La situation a eu des répercussions sur le processus de paix israélo-palestinien, déjà dans l'impasse.
- L'Intifada de Jérusalem de 2014 a également attiré l'attention de la communauté internationale sur la nécessité de résoudre le conflit israélo-palestinien.

Cette période de violences s'est atténuée, mais les problèmes fondamentaux sous-jacents du conflit israélo-palestinien demeurent, et la situation à Jérusalem et dans d'autres régions contestées reste tendue.

Manifestations à Gaza (2018-présent) :

Les manifestations à Gaza qui ont débuté en 2018 et se sont poursuivies jusqu'à aujourd'hui font référence aux manifestations de la Marche du Retour. Ces manifestations ont eu lieu principalement à la frontière entre la bande de Gaza et Israël.

Les manifestations à Gaza ont été organisées en réponse aux conditions difficiles de vie dans la bande de Gaza, notamment le siège en cours par Israël et l'Égypte, ainsi que le manque d'opportunités économiques.

Ces manifestations ont également été organisées pour commémorer la Nakba, qui se réfère à l'exode de centaines de milliers de Palestiniens lors de la création d'Israël en 1948.

Les Palestiniens réclament le droit de retourner dans les terres dont ils ont été chassés lors de la Nakba, y compris dans ce qui est aujourd'hui Israël. Les manifestants ont exigé la fin du siège de Gaza, qui limite les mouvements de personnes et de biens, contribuant à la détérioration des conditions de vie. Les manifestants ont appelé à des améliorations des conditions économiques et humanitaires à Gaza.

Les manifestations ont généralement eu lieu les vendredis le long de la frontière de Gaza. Elles ont souvent été accompagnées de confrontations entre les manifestants palestiniens et les forces de sécurité israéliennes, qui ont utilisé des moyens de dispersion, y compris des balles réelles, provoquant des morts et des blessés.

Les manifestations à Gaza ont eu des conséquences graves :
- De nombreux Palestiniens ont été tués ou blessés, et des civils israéliens ont été la cible d'attaques en réponse aux manifestations.
- Les manifestations ont accru les tensions entre Israël et le Hamas, qui contrôle Gaza.
- La situation humanitaire à Gaza s'est détériorée, avec des pénuries de nourriture, d'eau potable et d'autres biens de première nécessité.
- Les manifestations ont attiré l'attention internationale sur la situation à Gaza et ont suscité des débats sur les droits des Palestiniens et le conflit israélo-palestinien.

Les manifestations à Gaza restent un problème complexe et non résolu, avec des implications importantes pour la situation dans la région et pour les perspectives de résolution du conflit israélo-palestinien.

Manifestations à Jérusalem (2021) :

En 2021, Jérusalem a été le théâtre de manifestations et d'affrontements qui ont eu des répercussions nationales et internationales. Ces manifestations ont été déclenchées par plusieurs facteurs, notamment des tensions à Jérusalem-Est, le quartier palestinien de la ville, et la perspective de l'expulsion de familles palestiniennes du quartier de Sheikh Jarrah.

Jérusalem-Est est une partie contestée de la ville, revendiquée par les Palestiniens comme la future capitale de leur État. Les tensions autour de la souveraineté et de l'accès aux lieux saints ont créé un climat de tension constant. Les plans d'expulsion de familles palestiniennes du quartier de Sheikh Jarrah à Jérusalem-Est ont suscité des protestations et des condamnations internationales. Des actions provocatrices, notamment des marches nationalistes israéliennes à Jérusalem, ont augmenté les tensions.

Les manifestations à Jérusalem en 2021 ont vu des affrontements entre les forces de sécurité israéliennes et des manifestants palestiniens. Les manifestations ont eu lieu à divers endroits, y compris près de la mosquée Al-Aqsa, l'un des lieux saints de l'islam, et à Sheikh Jarrah.

Les manifestations à Jérusalem en 2021 ont eu des conséquences significatives :
- Elles ont suscité des inquiétudes internationales et ont été condamnées par de nombreux pays et organisations internationales.
- Les affrontements entre manifestants palestiniens et forces de sécurité israéliennes ont entraîné des blessés et des décès.
- Les manifestations ont renforcé les divisions et les tensions dans la région, alimentant le cycle de violence dans le conflit israélo-palestinien.
- Les manifestations ont attiré l'attention internationale sur la nécessité de trouver une solution pacifique et durable au conflit.

Ces manifestations à Jérusalem en 2021 reflètent la complexité du conflit israélo-palestinien et la sensibilité de la question de Jérusalem, qui reste l'un des points de friction majeurs dans le processus de paix.

L'opération Inondation Al-Aqsa 2023:

L'opération Inondation Al-Aqsa est une série d'attaques coordonnées menées par le Hamas depuis la bande de Gaza sur les zones frontalières d'Israël, commençant le samedi 7 octobre 2023. Ces attaques ont coïncidé avec le shabbat juif, ainsi que la fête juive de Chémini Atseret et Sim'hat Torah que de nombreux Juifs israéliens célébraient. Ces attaques ont marqué le début de la guerre Israël-Hamas de 2023, presque cinquante ans jour pour jour après le début de la guerre du Kippour qui a commencé le 6 octobre 1973. L'opération a été lancée en réponse aux "violations israéliennes dans les cours de la mosquée Al-Aqsa et aux attaques des colons israéliens contre les citoyens palestiniens à Jérusalem".

L'attaque a débuté tôt le matin par un barrage de roquettes d'au moins 3 000 missiles contre Israël et des incursions de véhicules sur son territoire. Les militants palestiniens ont franchi la barrière entre Gaza et Israël, tuant des civils dans les communautés israéliennes voisines et attaquant des bases militaires. En une seule journée, plus de 1 200 Israéliens, principalement des civils, ont été tués dans plusieurs villes, kibboutz et lors d'un festival de musique près du kibboutz de Re'im, où plus de 270 fêtards ont été assassinés. Environ 150 civils et soldats israéliens ont été pris en otages dans la bande de Gaza. Cette journée a été décrite par de nombreux témoins et personnalités publiques, dont le président américain Joe Biden, comme la plus sanglante de l'histoire d'Israël.

Réfugiés et droit au retour et diaspora palestinienne:

Les réfugiés palestiniens sont des Palestiniens qui ont été déplacés de leurs foyers lors des conflits israélo-arabes, en particulier lors de la guerre de 1948 qui a suivi la création de l'État d'Israël. De nombreuses familles palestiniennes ont été contraintes de quitter leurs terres et de chercher refuge dans les pays voisins ou dans d'autres régions de la Palestine historique.

Le droit au retour est une revendication importante parmi les réfugiés palestiniens. Il fait référence à leur droit de retourner dans les foyers dont ils ont été déplacés en 1948 et après. Cette question est l'un des points les plus litigieux dans le conflit israélo-palestinien, car elle touche à la fois à la question des réfugiés et à la démographie d'Israël.

La diaspora palestinienne fait référence à la vaste population palestinienne dispersée dans le monde entier en raison du conflit. De nombreuses communautés palestiniennes existent en dehors de la Palestine historique, notamment au Moyen-Orient, en Europe, en Amérique du Nord et ailleurs. Ces communautés entretiennent souvent un lien fort avec la Palestine et continuent de soutenir les revendications des Palestiniens.

Ces questions sont au cœur du conflit israélo-palestinien et continuent d'influencer les négociations de paix et les relations internationales liées à la région. La question des réfugiés, en particulier le droit au retour, est l'un des problèmes les plus complexes et controversés à résoudre pour parvenir à une solution durable au conflit.

Ces soulèvements palestiniens et la question des réfugiés et du droit au retour reflètent la nature complexe et continue du conflit israélo-palestinien. Ils sont caractérisés par une combinaison de facteurs politiques, sociaux et nationalistes, et ont souvent entraîné de la violence et des pertes en vies humaines. Les conflits ont approfondi les divisions entre Israéliens et Palestiniens et ont eu des conséquences étendues sur la stabilité régionale et les efforts de paix.

Après tout le conflit, nous avons le droit de nous poser la question : "À qui appartient historiquement la région de la Palestine-Israël ? Et quelle est la solution la plus réussie pour résoudre ce conflit ?"

PARTIE 2: CONTEXTE HISTORIQUE

L'histoire ancienne de la région d'Israël-Palestine est riche et complexe, marquée par de nombreuses civilisations, cultures et conflits.

Période préhistorique (environ 2,5 millions à 1 200 ans av. J.-C.):

La région d'Israël-Palestine a été habitée par des communautés humaines depuis la préhistoire. Des vestiges archéologiques témoignent de la présence d'humains dans la région depuis des milliers d'années.

Les civilisations antiques (1200 ans av. J.-C. à 63 av. J.-C.):

La région d'Israël-Palestine a été le berceau de nombreuses civilisations antiques qui ont laissé une empreinte durable sur l'histoire du Moyen-Orient et du monde.

Cananéens :
Les Cananéens étaient l'un des premiers peuples à s'installer dans la région. Ils étaient principalement des agriculteurs et des commerçants, et ils ont développé des cités-États prospères, dont Ugarit. Leurs écritures cunéiformes et alphabétiques ont influencé le développement de l'écriture dans la région.

Égyptiens :
L'Égypte ancienne a exercé une influence significative sur la région, en particulier pendant le Nouvel Empire égyptien. Les Égyptiens ont contrôlé certaines parties de la région et ont laissé leur marque sur l'architecture, l'art et la culture.

Hébreux :
Les Hébreux, un groupe sémitique, sont au cœur de la narration biblique. Ils ont établi un royaume dans la région au IIe millénaire av. J.-C. et ont laissé un héritage religieux majeur, y compris les textes sacrés de la Torah.

Philistins :
Les Philistins étaient un peuple d'origine indo-européenne qui s'est installé dans la région côtière, donnant naissance au nom de la "Philistie". Ils ont laissé une empreinte culturelle distincte.

Assyriens et Babyloniens :
Les empires assyrien et babylonien ont exercé leur domination sur la région à différents moments de l'histoire. Ils ont conquis des territoires et laissé des inscriptions et des monuments.

Perse achéménide :
L'Empire perse achéménide a conquis la région au VIe siècle av. J.-C. sous Cyrus le Grand. La région a ensuite fait partie de l'Empire perse et a été gouvernée par des satrapies.

Grecs et Séleucides :
Après la conquête d'Alexandre le Grand, la région est devenue partie intégrante de l'Empire hellénistique et a été gouvernée par les Séleucides, une dynastie hellénistique.

Romains :
La région est devenue une province de l'Empire romain en 63 av. J.-C. et a été nommée Judée. Cette période a vu la construction de Jérusalem et la destruction du Second Temple en 70 ap. J.-C.

Ces civilisations antiques ont laissé une empreinte culturelle, architecturale et historique profonde dans la région d'Israël-Palestine. Leurs contributions ont contribué à façonner l'histoire et la diversité culturelle de la région.

L'Empire romain (63 av. J.-C. à 638):

L'Empire romain a exercé une influence significative sur la région d'Israël-Palestine pendant une longue période de son histoire.

Conquête de la Judée :
En 63 av. J.-C., la République romaine, sous le commandement de Pompée, a conquis la région de la Judée (qui englobe en partie l'actuel Israël et la Cisjordanie). La région est devenue une province romaine appelée Judée, et Jérusalem est devenue une ville sous contrôle romain.

Le Second Temple :
L'une des étapes les plus marquantes de l'interaction entre Rome et la Judée a été la destruction du Second Temple de Jérusalem en 70 ap. J.-C. Cette destruction a eu un impact profond sur la religion juive et a marqué la fin de la période du Second Temple.

La révolte juive et la diaspora :
Les tensions entre les Juifs et les autorités romaines ont conduit à plusieurs révoltes juives, notamment la Grande Révolte juive de 66 à 73 ap. J.-C. et la révolte de Bar Kokhba de 132 à 136 ap. J.-C. La répression romaine a entraîné la dispersion de la population juive, ce qui a contribué à la formation de la diaspora juive.

La christianisation de la région :
L'Empire romain a également joué un rôle clé dans la diffusion du christianisme. Jérusalem est devenue un centre important du christianisme, et la région a été le théâtre de nombreux événements bibliques, y compris la vie de Jésus-Christ.

L'Empire byzantin :
Après la division de l'Empire romain, la région est devenue une partie de l'Empire romain d'Orient, également appelé l'Empire byzantin. L'Empire byzantin a continué à exercer son contrôle sur la région et a joué un rôle central dans le développement du christianisme.

L'influence romaine et byzantine a laissé une marque durable sur la région d'Israël-Palestine, que l'on peut encore voir dans les vestiges archéologiques, les ruines de bâtiments antiques et les traditions religieuses. Les événements de cette époque ont également contribué à façonner l'identité religieuse et culturelle de la région.

La conquête musulmane 638:

La conquête musulmane de la région d'Israël-Palestine s'est déroulée au VIIe siècle de notre ère et a eu un impact significatif sur l'histoire et la culture de la région.

La conquête musulmane de la région a commencé avec l'arrivée de l'islam au VIIe siècle. L'islam a été fondé par le prophète Mahomet, et ses enseignements ont rapidement gagné des adeptes dans la péninsule arabique. Les musulmans ont entrepris une série de conquêtes militaires au nom de l'islam, se propageant rapidement à travers le Moyen-Orient, y compris la région d'Israël-Palestine.

Jérusalem a été conquise en 638 par les forces musulmanes sous le commandement du calife Omar ibn al-Khattab. Jérusalem est devenue une ville sacrée pour l'islam en raison de son association avec la mosquée Al-Aqsa et le Dôme du Rocher, situés sur l'esplanade du Temple. Ces lieux sont considérés comme les troisième et quatrième lieux saints de l'islam, respectivement.

Sous le règne des califes musulmans, la région d'Israël-Palestine a vu une période de coexistence religieuse, permettant aux juifs, aux chrétiens et aux musulmans de vivre ensemble dans la région. Cependant, il y a eu des périodes de tension et de conflit.

La conquête musulmane a marqué le début de l'islamisation de la région, ainsi que la sanctification de Jérusalem en tant que lieu saint de l'islam. Cette période a laissé une empreinte culturelle et religieuse profonde dans la région, et la ville de Jérusalem est restée un point de discorde et de vénération religieuse pour les trois grandes religions abrahamiques : l'islam, le christianisme et le judaïsme.

La région a été le théâtre de nombreuses croisades, au cours desquelles les Européens ont tenté de prendre le contrôle de Jérusalem et de la Terre sainte. Ces croisades ont duré du XIe au XIIIe siècle.

La région est devenue une partie de l'Empire ottoman en 1517, où elle est restée pendant plusieurs siècles. Les Ottomans ont exercé un contrôle sur la région jusqu'à la Première Guerre mondiale. Après la chute de l'Empire ottoman, la Société des Nations a confié un mandat à la Grande-Bretagne sur la Palestine, qui comprenait l'actuel Israël et la Cisjordanie. Cela a été suivi par un mouvement sioniste visant à établir un État juif en Palestine.

En 1947, les Nations Unies ont adopté un plan de partage de la Palestine, conduisant à la création de l'État d'Israël en 1948. Cela a déclenché un conflit avec les pays arabes voisins et a donné lieu à plusieurs guerres israélo-arabes.

L'histoire ancienne de la région d'Israël-Palestine est marquée par une succession de civilisations, de conquêtes et de conflits qui ont profondément influencé sa culture et sa géopolitique actuelles. Elle est également l'objet de revendications historiques et religieuses complexes de la part de divers groupes.

La perception israélienne:

La perception des Israéliens concernant leur droit à la terre historique est un sujet complexe et varié, car il existe de nombreuses opinions différentes au sein de la société israélienne. Cependant, certaines idées et croyances communes peuvent être mises en évidence :

De nombreux Israéliens voient Israël comme leur terre ancestrale en vertu de leur identité juive. Ils font référence à des liens historiques et bibliques remontant à des milliers d'années, soulignant les récits bibliques et les lieux saints de la région.

L'Holocauste a eu un impact profond sur la perception du droit à un État juif. De nombreux Israéliens estiment que la création de l'État d'Israël était une réponse nécessaire à l'antisémitisme et à la persécution juive en Europe.

Les Israéliens considèrent souvent la déclaration Balfour de 1917, le mandat britannique sur la Palestine et la résolution de l'ONU sur le plan de partage de la Palestine de 1947 comme des éléments de légitimité internationale pour l'État d'Israël.

Les Israéliens soulignent souvent que leur droit à la terre a été maintenu et défendu par le biais de guerres et de conflits armés avec les pays arabes voisins. Ils considèrent ces conflits comme des preuves de leur détermination à protéger leur souveraineté.

Les Israéliens voient souvent l'État d'Israël comme un refuge pour les Juifs du monde entier. L'idée de l'aliyah, le retour des Juifs en Israël, est un élément central de cette perception.

Il convient de noter que toutes les opinions ne sont pas unanimes en Israël. Il existe une variété de perspectives politiques, religieuses et idéologiques sur la question du droit à la terre, de la coexistence avec les Palestiniens et de la solution au conflit israélo-palestinien. Certains Israéliens sont en faveur d'une solution à deux États, tandis que d'autres soutiennent une approche différente.

En fin de compte, il est important de comprendre que la perception du droit à la terre historique parmi les Israéliens est complexe et varie d'une personne à l'autre. De plus, ces perspectives doivent être considérées dans le contexte du conflit israélo-palestinien, qui est profondément enraciné dans l'histoire, la politique et la religion.

Perception palestinienne:

La perception des Palestiniens concernant leur droit à la terre historique est également complexe et varie en fonction de l'expérience personnelle, de l'origine géographique, de la religion, et des points de vue politiques. Voici quelques éléments clés qui reflètent certaines des perspectives palestiniennes sur leur droit à la terre historique :

De nombreux Palestiniens considèrent la Palestine comme leur terre ancestrale depuis des siècles, avec une histoire et une culture riches qui remontent à l'Antiquité. Ils soulignent la longue histoire de présence palestinienne dans la région.

Pour de nombreux Palestiniens, la Nakba (la catastrophe) de 1948, marquée par l'exode de centaines de milliers de Palestiniens lors de la création de l'État d'Israël, est un événement fondamental qui renforce leur revendication du droit au retour de ces réfugiés et de leurs descendants.

Les Palestiniens revendiquent le droit à l'autodétermination, y compris le droit de former un État palestinien indépendant. Ils considèrent la reconnaissance internationale de l'État de Palestine comme une étape importante vers cet objectif.

Les lieux saints de la Palestine, en particulier Jérusalem, ont une signification religieuse profonde pour les Palestiniens, en particulier pour les musulmans et les chrétiens. Ils voient ces lieux comme faisant partie intégrante de leur identité et de leur héritage.

La perception du droit à la terre est également façonnée par l'occupation israélienne de la Cisjordanie, de Jérusalem-Est et de la bande de Gaza. Les Palestiniens considèrent cette occupation comme une violation de leur souveraineté et de leurs droits.

Le droit au retour des réfugiés palestiniens est une question fondamentale. Les Palestiniens réclament le droit de retour des réfugiés et de leurs descendants dans les zones d'où ils ont été déplacés en 1948.

Il est essentiel de noter que la perception du droit à la terre varie parmi les Palestiniens. Il existe des différences politiques, religieuses et régionales au sein de la société palestinienne. Certains soutiennent une solution à deux États, tandis que d'autres prônent d'autres approches pour résoudre le conflit israélo-palestinien.

En fin de compte, la perception des Palestiniens de leur droit à la terre historique est influencée par leur expérience personnelle et collective, ainsi que par les événements historiques et les développements politiques du conflit israélo-palestinien. Cette question demeure au cœur du conflit et des négociations pour une solution pacifique.

PARTIE 3: LES EFFORTS DE PAIX

Le conflit israélo-palestinien a donné lieu à de nombreuses propositions de solutions de paix au fil des ans. Voici quelques-unes des principales solutions proposées :

La solution à deux États:

La solution à deux États est une proposition majeure pour résoudre le conflit israélo-palestinien en établissant deux États indépendants, Israël et la Palestine, qui coexisteraient côte à côte en paix et en sécurité.

Les frontières des deux États devraient être négociées. En général, la solution à deux États est basée sur les frontières d'avant la guerre de 1967, avec la possibilité de swaps de terres pour tenir compte des réalités sur le terrain. Jérusalem est une question délicate. En général, la solution à deux États prévoit que Jérusalem soit la capitale d'Israël et de la Palestine. La gestion de la ville sainte serait négociée, de manière à garantir un accès aux lieux saints pour toutes les religions.

La question des réfugiés palestiniens est complexe. La solution à deux États inclut généralement un mécanisme pour résoudre le problème des réfugiés, y compris des options telles que la réinstallation, la compensation financière ou le retour limité. Les deux États, Israël et la Palestine, devraient se reconnaître mutuellement et coexister comme entités souveraines et indépendantes. La sécurité des deux États est essentielle. Cela implique des dispositions pour maintenir la paix, lutter contre le terrorisme et garantir la sécurité des citoyens des deux côtés.

La solution à deux États prévoit généralement une coopération économique et en matière d'infrastructures entre les deux États pour favoriser la stabilité et le développement économique. Un accord final serait négocié pour régler définitivement toutes les questions en suspens et garantir que les deux États coexistent de manière pacifique et prospère.

La solution à deux États a été l'un des principaux axes de négociation dans le conflit israélo-palestinien depuis de nombreuses années. Elle est soutenue par de nombreux pays et organisations internationales, y compris les Nations Unies. Cependant, sa mise en œuvre a été entravée par des obstacles politiques, des différends sur les frontières, Jérusalem, les réfugiés et d'autres questions clés. Malgré ces défis, de nombreux acteurs continuent de plaider en faveur de la solution à deux États comme la voie la plus viable vers une paix durable.

La solution à un État:

La solution à un État est une proposition alternative pour résoudre le conflit israélo-palestinien. Contrairement à la solution à deux États, qui prévoit deux États indépendants, Israël et la Palestine, la solution à un État envisage un seul État bi-national ou multi-national qui engloberait à la fois les Israéliens et les Palestiniens.

La solution à un État vise à créer un État inclusif où Israéliens et Palestiniens vivraient en tant que citoyens égaux, avec les mêmes droits et responsabilités. Cela mettrait fin à la séparation actuelle entre Israël et la Palestine. Dans un État à un seul État, il y aurait une gouvernance partagée par les communautés israélienne et palestinienne. Cela impliquerait des institutions politiques et juridiques qui reflètent la diversité des populations.

La solution à un État repose sur le principe de l'égalité des droits pour tous les citoyens, indépendamment de leur origine ethnique, religieuse ou culturelle. Cela inclurait des droits politiques, civils et sociaux égaux. La question des réfugiés palestiniens serait également abordée. Certains partisans de la solution à un État plaident pour le droit au retour des réfugiés palestiniens dans l'ensemble de l'État unifié.

La gestion de Jérusalem, y compris les lieux saints, serait un défi majeur à aborder. Certains modèles de la solution à un État prévoient que Jérusalem reste la capitale commune de tous les citoyens. Des mécanismes de sécurité et de coopération seraient nécessaires pour garantir la paix et la sécurité de tous les citoyens, quelle que soit leur origine.

La solution à un État est soutenue par certaines personnes et groupes qui estiment qu'elle pourrait mieux résoudre les problèmes de disparité de pouvoir, de souveraineté partagée et de conflits territoriaux qui existent dans le cadre de la solution à deux États. Cependant, cette proposition est controversée et rencontre de nombreuses critiques, notamment en ce qui concerne les droits des populations minoritaires et la viabilité politique, économique et sécuritaire d'un État unique. Elle continue de faire l'objet de débats intenses dans le contexte du conflit israélo-palestinien.

L'Initiative de paix arabe:

L'Initiative de paix arabe, également connue sous le nom de Plan de paix arabe, est une proposition de paix majeure élaborée par la Ligue arabe en 2002. Cette initiative vise à résoudre le conflit israélo-palestinien en proposant un cadre de paix complet et en offrant des relations normalisées entre les États arabes et Israël en échange de la résolution du conflit.

L'initiative exige le retrait complet d'Israël des territoires arabes occupés depuis la guerre de 1967, y compris la Cisjordanie, Jérusalem-Est, et la bande de Gaza. Elle insiste sur le respect des frontières d'avant 1967. L'Initiative de paix arabe soutient la création d'un État palestinien indépendant avec Jérusalem-Est comme capitale. Cela garantirait l'autodétermination et la souveraineté palestiniennes.

L'initiative reconnaît le droit au retour des réfugiés palestiniens déplacés lors de la création d'Israël en 1948. Elle appelle à une solution équitable et négociée à cette question conformément à la résolution 194 de l'Assemblée générale des Nations Unies. Les pays arabes signataires de l'initiative s'engageraient à reconnaître Israël et à établir des relations diplomatiques normales avec lui en cas d'acceptation du plan.

L'initiative offre une paix complète et la normalisation des relations entre Israël et les États arabes signataires, garantissant la sécurité et la stabilité dans la région.

L'Initiative de paix arabe a été adoptée pour la première fois lors du Sommet de la Ligue arabe en 2002 à Beyrouth, au Liban. Elle a ensuite été réaffirmée lors de sommets ultérieurs. Cependant, la mise en œuvre complète de l'initiative est soumise à des négociations israélo-palestiniennes et à un accord entre les parties.

Bien que l'Initiative de paix arabe ait été saluée comme un pas en avant vers la résolution du conflit israélo-palestinien, sa mise en œuvre a été entravée par des obstacles politiques, notamment des désaccords sur les détails des négociations. Elle continue de figurer parmi les propositions de paix clés dans le cadre du conflit israélo-palestinien.

La Feuille de route pour la paix:

La Feuille de route pour la paix est une proposition de paix élaborée par le Quartet pour le Moyen-Orient, composé des États-Unis, de la Russie, de l'Union européenne et des Nations Unies. Cette feuille de route a été publiée en 2003 et visait à résoudre le conflit israélo-palestinien en définissant un processus en plusieurs étapes pour parvenir à une solution à deux États, c'est-à-dire la création d'un État palestinien aux côtés d'Israël.

La première étape consiste à mettre fin à la violence et au terrorisme. Toutes les parties, y compris les groupes palestiniens, sont appelées à cesser les actes de violence. La deuxième étape prévoit des réformes politiques et institutionnelles au sein de l'Autorité palestinienne pour renforcer la gouvernance et la transparence. La troisième étape consiste à construire des institutions palestiniennes, y compris des forces de sécurité réformées et des institutions gouvernementales solides. La quatrième étape appelle à la reprise des négociations de paix entre Israël et les Palestiniens pour parvenir à un accord final sur le statut permanent.

La Feuille de route pour la paix a été conçue pour servir de cadre de paix qui, une fois mis en œuvre, aboutirait à un État palestinien indépendant aux côtés d'Israël. Elle a été appuyée par la communauté internationale et a fait l'objet de discussions et de négociations pendant de nombreuses années.

Cependant, sa mise en œuvre a été entravée par des obstacles politiques et des violations continues des conditions énoncées. Le conflit israélo-palestinien est demeuré sans solution durable malgré les efforts déployés pour promouvoir la Feuille de route pour la paix. Elle reste une proposition importante, mais sa pleine réalisation demeure un défi complexe.

La confédération:

La confédération est une proposition de résolution du conflit israélo-palestinien qui diffère des solutions traditionnelles telles que la solution à deux États ou la solution à un État. Dans une confédération, Israël et la Palestine maintiendraient leur souveraineté individuelle, mais elles établiraient également des institutions communes pour gérer des questions d'intérêt mutuel.

La confédération préserve l'existence de deux États souverains, Israël et la Palestine, avec des gouvernements et des institutions indépendants. Les deux États créeraient des institutions communes pour gérer des questions telles que la sécurité, l'économie, l'eau et l'environnement. Ces institutions faciliteraient la coopération et la résolution des problèmes qui affectent les deux parties.

La question de Jérusalem serait abordée de manière à garantir un accès équitable aux lieux saints pour les fidèles de toutes les religions. La gestion de la ville sainte pourrait faire partie des institutions communes. La proposition de confédération encouragerait une économie intégrée entre les deux États, favorisant le commerce, la croissance économique et la stabilité.

La sécurité serait gérée conjointement pour prévenir les conflits et le terrorisme, garantissant la stabilité dans la région. La gouvernance des institutions communes serait basée sur un modèle équitable qui prend en compte les intérêts et les préoccupations des deux parties.

La proposition de confédération a été avancée par certains groupes et individus comme une alternative aux solutions traditionnelles. Elle vise à résoudre les problèmes de souveraineté et de partage des ressources tout en préservant la diversité et l'identité de chaque État. Cependant, elle suscite des débats et des discussions, notamment sur la manière de mettre en œuvre une telle structure et de garantir la coopération continue entre les parties. Comme d'autres propositions, la confédération reste une option de négociation dans le cadre du conflit israélo-palestinien.

Résolutions de l'ONU:

Les Nations Unies ont adopté de nombreuses résolutions liées au conflit israélo-palestinien au fil des décennies. Ces résolutions ont été débattues et adoptées par l'Assemblée générale et le Conseil de sécurité des Nations Unies, et elles reflètent les positions de la communauté internationale sur différentes facettes du conflit. Voici quelques-unes des résolutions clés de l'ONU liées au conflit israélo-palestinien :

Résolution 242 (1967) : Cette résolution du Conseil de sécurité a été adoptée peu de temps après la guerre des Six Jours en 1967. Elle appelle au retrait israélien des territoires occupés lors de cette guerre et à la reconnaissance du droit de tous les États de la région de vivre en paix et en sécurité.

Résolution 338 (1973) : Cette résolution du Conseil de sécurité a été adoptée en réponse à la guerre du Kippour en 1973. Elle réitère l'appel à un cessez-le-feu et à la mise en œuvre de la résolution 242.

Résolution 194 (1948) : Cette résolution de l'Assemblée générale des Nations Unies a été adoptée peu après la guerre de 1948. Elle traite de la question des réfugiés palestiniens et reconnaît leur droit au retour ou à la compensation.

Résolution 1397 (2002) : Cette résolution du Conseil de sécurité demande aux parties de mettre fin à la violence et de s'engager dans un processus politique pour parvenir à une solution à deux États.

Résolution 1515 (2003) : Cette résolution du Conseil de sécurité réitère le soutien à la Feuille de route pour la paix, encourageant sa mise en œuvre.

Résolution 2420 (2018) : Cette résolution du Conseil de sécurité appelle à la protection des civils palestiniens dans les territoires occupés, en particulier dans la bande de Gaza.

Résolution 2334 (2016) : Cette résolution du Conseil de sécurité condamne la construction de colonies israéliennes en Cisjordanie et à Jérusalem-Est et réaffirme le statut de Jérusalem comme une question à régler dans le cadre des négociations de paix.

Il convient de noter que la mise en œuvre de ces résolutions a été inégale, et de nombreux aspects du conflit demeurent non résolus. Le rôle des Nations Unies dans la recherche d'une solution au conflit israélo-palestinien reste un sujet de débat et de discussion dans la communauté internationale.

Il est important de noter que la recherche d'une solution de paix au conflit israélo-palestinien reste un défi complexe en raison de divisions profondes, d'histoire complexe et d'obstacles politiques. Chacune des solutions proposées comporte ses propres défis et complexités, et la recherche d'un accord global demeure un travail en cours avec des négociations continues et des efforts internationaux.

À l'issue de notre exploration approfondie du conflit israélo-palestinien dans "Vers la paix au Moyen-Orient : Dévoiler le Conflit Israélo-Palestinien" il est impossible de ne pas ressentir l'urgence d'une résolution à ce conflit complexe et durable. Ce livre a mis en lumière les multiples facettes de ce conflit, révélant les aspirations, les douleurs, les espoirs et les déceptions qui ont marqué les vies de millions de personnes.

Nous avons parcouru l'histoire tumultueuse de cette région, depuis les premiers pas des mouvements sionistes jusqu'aux Accords d'Oslo, en passant par les guerres, les négociations, les résolutions de l'ONU et les révoltes populaires. Nous avons rencontré des individus courageux des deux côtés du conflit, des voix de la paix qui persistent malgré les obstacles apparemment insurmontables.

Alors que nous clôturons ces pages, la question persiste : est-il possible de parvenir à une paix durable et juste entre Israël et la Palestine ? Les réponses à cette question sont nombreuses et complexes, mais une chose est certaine : l'aspiration à la paix demeure.

Le conflit israélo-palestinien est un rappel constant de la nécessité de la compréhension mutuelle, du dialogue et de la recherche d'une solution équitable. En fin de compte, la paix ne sera pas trouvée dans les armes, mais dans la volonté de transcender les divisions, de reconnaître la dignité de chaque individu et de travailler ensemble pour un avenir où tous les habitants de la région puissent vivre en sécurité et en harmonie.

"Vers la paix au Moyen-Orient : Dévoiler le Conflit Israélo-Palestinien" a pour vocation d'encourager la réflexion, d'élargir les horizons et d'inspirer l'action. Le chemin vers la paix peut être long et semé d'embûches, mais il est essentiel que nous persévérions dans notre quête d'une solution juste et durable. La paix est possible, et elle mérite tous nos efforts.

Nous espérons que ce livre vous a éclairé et inspiré à poursuivre cette quête infiniment précieuse de la paix, dans cette région et au-delà. Car, au bout du compte, la paix n'est pas seulement un rêve à poursuivre, c'est une nécessité pour le bien de toutes les générations futures.

Chronologie des événements clés :

-Début du 16e siècle-1918 : La domination ottomane
-1916 : La révolte arabe
-1916 : L'accords sykes-picot 1916
-1917 : La Déclaration Balfour promet un "foyer national pour le peuple juif" en Palestine.
-1882-1947 : Les débuts du sionisme, l'immigration juive en Palestine et la fin du mandat britannique en Palestine
-1947 : L'ONU adopte le Plan de partage de la Palestine, préconisant la création d'Israël et de la Palestine.
-1948 : La guerre d'indépendance et la Nakba
- Mai 1948 : Déclaration d'indépendance d'Israël et début de la première guerre israélo-arabe.
-1948-1949 : Plus de 700 000 Palestiniens sont déplacés, marquant le début de la Nakba (catastrophe).
-1956 La guerre de Suez :
-1964 : Émergence de l'OLP (Organisation de libération de la Palestine)
-1967 : La guerre des Six Jours et l'occupation
-Juin 1967 : Israël conquiert la Cisjordanie, Jérusalem-Est, Gaza, le Sinaï et le plateau du Golan. (l'occupation israélienne des territoires palestiniens.)
-1973 : La guerre du Kippour et la Crise pétrolière
-1978: Les Accords de Camp David (Israël et l'Égypte signent des accords de paix, le premier traité de paix entre Israël et un pays arabe)
-1987-1993 : La première Intifada et la création du Hamas:
-1993 : Les Accords d'Oslo (Israël et l'OLP (Organisation de libération de la Palestine) concluent les Accords d'Oslo, prévoyant l'autonomie palestinienne en Cisjordanie et à Gaza.)
-1998 : Accords de Wye Plantation
-2000 : Le déclenchement de la Deuxième Intifada
-2005 : Le retrait unilatéral israélien de Gaza (Israël se retire de la bande de Gaza, mettant fin à l'occupation militaire, mais imposant un blocus)
-2006 : La victoire du Hamas aux élections palestiniennes (Le Hamas remporte les élections législatives palestiniennes, ce qui conduit à une division politique entre la Cisjordanie (Fatah) et Gaza (Hamas).)
-2008-2009 : L'opération Plomb durci (Israël lance une offensive militaire à Gaza en réponse aux tirs de roquettes.)
-2014 : Le conflit à Gaza et Intifada de Jérusalem (Un autre conflit éclate à Gaza, faisant de nombreuses victimes civiles.)
-2018-présent : Manifestations à Gaza
-2021 : Manifestations à Jérusalem
-2023 : L'opération Inondation Al-Aqsa

Bibliographiques :

Livres :
-"The Iron Cage: The Story of the Palestinian Struggle for Statehood" par Rashid Khalidi.
-"Righteous Victims: A History of the Zionist-Arab Conflict, 1881-2001" par Benny Morris.
-"The Lemon Tree: An Arab, a Jew, and the Heart of the Middle East" par Sandy Tolan.
-"Palestine: Peace Not Apartheid" par Jimmy Carter.
-"My Promised Land: The Triumph and Tragedy of Israel" par Ari Shavit.
-"The Israeli-Palestinian Conflict: A Very Short Introduction" par Martin Bunton.

Essais et Articles :
-"The Two-State Delusion" par Edward Said, The New York Times, 1999.
-"Fifty Years of Occupation" par Nathan Thrall, The New York Review of Books, 2017.
-"The Oslo Accords: A Critical Assessment" par Avi Shlaim, International Affairs, 1994.
-"Israel and the Palestinians" par Avi Shlaim, Middle East Journal, 2001.

Témoignages et Mémoires :
-"I Shall Not Hate: A Gaza Doctor's Journey on the Road to Peace and Human Dignity" par Izzeldin Abuelaish.
-"My Life"par Golda Meir.
-"Palestine" par Joe Sacco (une bande dessinée documentaire).

Rapports et Documents Officiels :
-"United Nations General Assembly Resolutions on Palestine" (Différentes résolutions de l'ONU sur la Palestine).

Sites Web :
-Middle East Monitor(www.middleeastmonitor.com) - Un site d'actualités et d'analyses sur le Moyen-Orient, y compris le conflit israélo-palestinien.
-B'Tselem (www.btselem.org) - Une organisation israélienne de défense des droits de l'homme qui publie des rapports sur la situation en Cisjordanie et dans la bande de Gaza.